gato

kat

conejo

konijn

perro

hond

pollito

kuiken

pato
eend

oveja

schaap

cabra

geit

cerdo

varken

burro

ezel

caballo

paard

vaca

koe

ratón

muis

murciélago

vleermuis

abeja

bij

araña

spin

zorro

vos

ciervo

hert

ardilla

eekhoorn

erizo

egel

búho

uil

rana

kikker

serpiente

slang

mapache

wasbeer

loro

papegaai

tucán

toekan

caimán

alligator

tortuga marina

zeeschildpad

flamenco

flamingo

pingüino

pinguïn

cangrejo

krab

medusa

kwal

foca

zeehond

tiburón

haai

ballena

walvis

orca

orka

estrella de mar
zeester

rinoceronte

neushoorn

panda

panda

mono

aap

león

leeuw

tigre

tijger

elefante

olifant